AF268109

Jean Du SAGUENAY

LA VIEILLE CAPITALE

QUÉBEC HISTORIQUE

1608-1908

PHOTOGRAPHIES DE NOMBREUSES GRAVURES ANCIENNES

*Plaquette publiée avec le patronage
de l'Association « La Canadienne ».*

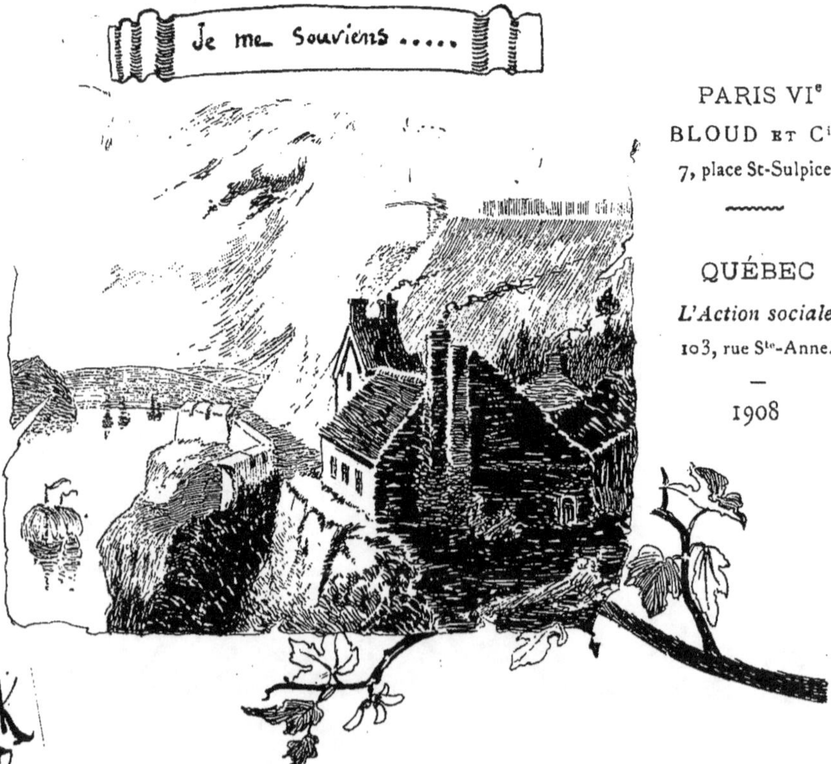

PARIS VIᵉ
BLOUD ET Cⁱᵉ,
7, place St-Sulpice.

QUÉBEC
L'Action sociale,
103, rue Stᵉ-Anne.

1908

LA VIEILLE CAPITALE

QUÉBEC HISTORIQUE

Monseigneur de Laval, premier évêque de Québec.

Jean Du SAGUENAY

LA VIEILLE CAPITALE

—>•<—

QUÉBEC HISTORIQUE

1608-1908

PHOTOGRAPHIES DE NOMBREUSES GRAVURES ANCIENNES

Plaquette publiée avec le patronage de l'Association « La Canadienne ».

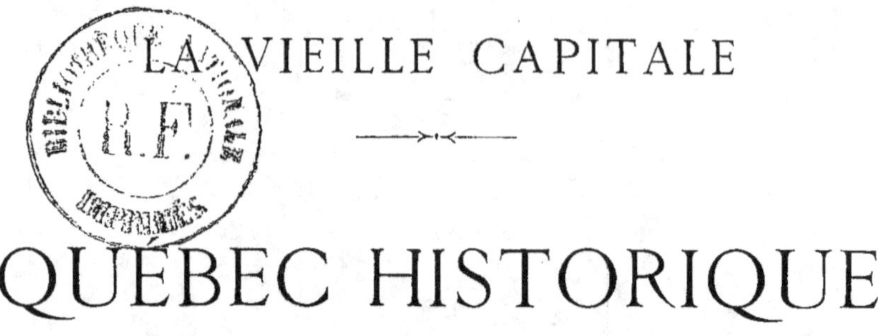

PARIS VIe

BLOUD ET Cie,
7, place St-Sulpice.

QUÉBEC
L'Action sociale,
103, rue St^{te}-Anne.

1908

LA VIEILLE CAPITALE

QUÉBEC HISTORIQUE

QUÉBEC, capitale de la Nouvelle-France, cœur et foyer de la nationalité franco-canadienne, recèle en ses annales l'histoire presque entière
de notre race sur le sol d'Amérique. Rien de plus attrayant que d'y
noter les étapes d'une route déjà longue, de plus passionnant que d'y
revivre les heures héroïques, tragiques parfois, de la noble et fière cité.
Solidement ancrée sur son rocher abrupt, dominant au loin la forêt pri-
mitive et la plaine encerclée de montagnes bleuâtres, comme le
majestueux Saint-Laurent à ses pieds rétréci, la vieille capitale éblouit
le voyageur par sa beauté imposante et l'émeut par le souvenir invoqué
et le charme mystérieux d'un passé trois fois séculaire.

Dépouillons ce décor de tout ce que la civilisation lui apporte; que
l'imagination, cette fée merveilleuse, nous fasse remonter le cours des

années. Nous voici à l'époque brillante de la Renaissance; le roi de France est François Ier; un habile et hardi pilote malouin découvre le Canada avant lui entrevu, il remonte en 1535 le Saint-Laurent sur la *Grande-Hermine* au pavillon fleurdelysé, il entre en rade...; là-haut, une humble bourgade est posée, Stadaconé est son nom. Les indigènes accourent au-devant de ces nouveaux venus étranges... solennelle rencontre de l'Europe chrétienne et policée et de la Barbarie ignorante et cruelle : en signe de respect, le chef sauvage embrasse le bras de JACQUES CARTIER; dans son admirable simplicité, quelle scène, et dans quel cadre! quel symbole de l'avenir que l'histoire déroulera devant nous !

Près de quinze lustres s'écoulent. Sur le *Don-de-Dieu*, dont le drapeau d'azur à la croix blanche flotte au grand mât, s'avance SAMUEL DE CHAMPLAIN. La bourgade de Stadaconé n'étale plus ses huttes misérables au-dessus du cap Diamant, l'inconstance ou la guerre en a chassé le sauvage au pied léger. Alors, au milieu des noyers qu'il fait éclaircir, le marin saintongeois, n'ayant pas trouvé de lieu plus commode pour son « habitation », construit un magasin « avec une belle cave », « trois corps de logis à deux étages » avec « une galerie par dehors au second étage »; le tout est entouré d'un fossé, et des jardins sont préparés à l'entour. Les indigènes ont donné le nom de *Quebecq* au site merveilleux où Champlain s'installe, ce mot signifiant, dans leur langue, rétrécissement, détroit; [du site, le nom passe à « l'habitation », et voilà, en juillet 1608, l'humble commencement de Québec confiné dans le petit espace que limitent de nos jours la place et les rues Notre-Dame, Sous-le-Fort et Saint-Pierre (¹). Pendant vingt-sept ans, le fondateur de la Nouvelle-France se débat contre le mauvais vouloir des marchands, s'efforce, malgré eux, à faire de ce poste une forteresse et une cité, étend sans relâche la puissance française, provoque et facilite l'apostolat religieux. Les premiers RÉCOLLETS, Denis Jamay, Jean Dolbeau, Joseph Le Caron, Pacifique du Plessis, arrivent au Canada en 1615; la première messe à Québec est dite cette même année, le 25 juin; la première chapelle est construite dans l'anse du Cul-de-Sac. Cinq ans plus tard, le premier *fort Saint-Louis* est élevé « en une situation très bonne », et il est entièrement rebâti en 1626, résidence des gouverneurs et des vice-rois pendant plus de deux siècles, jusqu'à sa destruction par le feu en 1834.

C'est un apothicaire qui, après s'être établi en Acadie, devint le pre-

---

(¹) Au sujet de l'habitation, consulter la plaquette sur Champlain.

mier cultivateur du Canada. Louis Hébert arrive à Québec avec sa famille en 1617 et défriche un terrain qui fait maintenant partie de la haute ville. L'humble capitale ne comptait encore qu'une soixantaine

Fondation de Québec — Les premières constructions.

d'habitants lorsqu'elle dut se rendre, faute de ressources, aux frères Kertk, huguenots de Dieppe passés au service du roi d'Angleterre ; c'était le 19 juillet 1629. Mais la paix était conclue depuis trois mois. Sur les réclamations de Champlain, le cardinal de Richelieu, qui avait compris l'importance du Canada et fondé deux ans plus tôt la

Compagnie des Cent-Associés pour en faciliter l'essor, obtint par le traité de Saint-Germain-en-Laye la restitution de la Nouvelle-France. Le prompt armement d'une flotte pour appuyer notre bon droit avait pressé les négociations.

Québec nous est remis le 13 juillet 1632, en ruines. Champlain consacre les trois dernières années de sa vie à les relever et à poursuivre inlassablement la réalisation de ses vastes et admirables projets.

Vue de Québec (deuxième moitié du xviie siècle).

Cependant les Récollets, qui avaient commencé dès 1620 d'édifier le monastère de Notre-Dame-des-Anges, sur le bord de la rivière Saint-Charles, et qui se consacraient aux missions avec un zèle tout apostolique, ne pouvaient suffire à une si lourde tâche. Ils appelèrent à l'aide les Jésuites qui avaient eu déjà l'occasion de prêcher l'Evangile en Acadie. Le 19 juin 1625 quelques Pères débarquaient à Québec, et parmi eux le Père Brébeuf, fondateur de la mission huronne, qui périt au milieu de supplices raffinés ; la célèbre Compagnie ne cessa plus d'envoyer à la Nouvelle-France des postulants au martyre. Dix ans plus tard, grâce à la munificence du R. P. René Rohault, fils du marquis de Gamache, une école était ouverte par le Père Charles Lallemant ; elle fut le berceau du collège des Jésuites qui disparut sous le régime anglais en 1768 et fut démoli après avoir servi de caserne.

L'an 1639 est, parmi tant d'autres, une date qui brille d'un éclat particulièrement pur dans l'histoire canadienne. D'une frêle barque descendaient un jour du mois d'août, aux applaudissements des Québecquois, quelques Jésuites, des Ursulines et des Augustines. Les Ursulines, sous la conduite de la riche et pieuse Mme de la Peltrie, venaient établir un *couvent d'éducation;* parmi elles la sainte Thérèse de la Nouvelle-France : Marie de l'Incarnation. Les Augustines allaient fonder un *hôpital* dû à la générosité de la duchesse d'Aiguillon, nièce de Richelieu; elles arrivèrent à propos, pendant une terrible épidémie de picote. Ainsi,

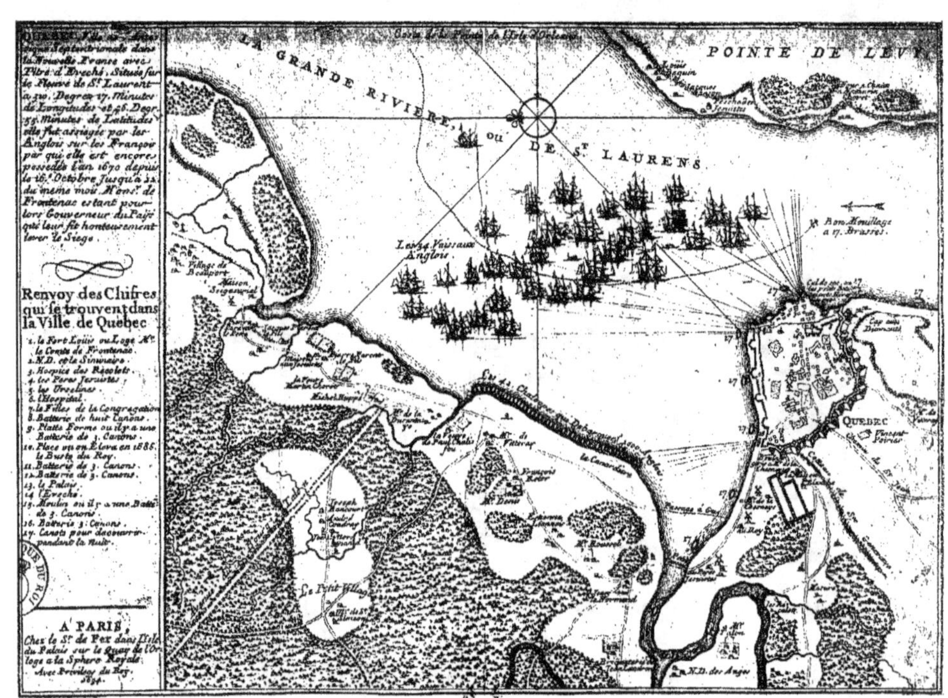

Plan de Québec et de ses environs pendant le siège de 1690 (et non de 1670).

dès le berceau, la France nouvelle est parée des fleurs les plus suaves de la charité.

L'Hôtel-Dieu, d'abord installé dans la campagne, à Sillery, est, par crainte des Iroquois, construit en ville en 1644, à proximité du collège.

D'abord vicaire général en 1657, puis en 1674 titulaire du nouveau siège de Québec et suffragant direct de Rome, voici le premier évêque canadien, François de Laval de Montigny, qui appartient à l'illustre famille des Montmorency. Prélat d'une austère piété, grand seigneur d'un caractère autoritaire, homme d'action au jugement droit et à la volonté ferme, il développe les œuvres déjà établies dans son diocèse et travaille, comme le proclame Sa Sainteté Pie X, « avec la plus grande intelligence à organiser toutes celles qu'il croit opportun d'y fonder ». Par ses soins s'élèvent, en 1663, un séminaire et, en 1668, un petit séminaire, confiés tous deux aux prêtres des Missions étrangères. Ses démêlés avec les gouverneurs, notamment avec le comte de Frontenac, eurent pour principal objet la vente de liqueurs aux sauvages, trafic auquel le pouvoir civil se résignait par politique en le réglementant et que le clergé repoussait absolument à cause de l'effet terrible produit par l'eau-de-vie sur les indigènes. Ainsi que le dit l'historien protestant Parkman, « la civilisation espagnole supprimait l'Indien, en l'écrasant ; la civilisation anglaise le dédaignait et l'oubliait ; seule, la France l'accueillait et le protégeait ».

Québec ne comptait encore que huit cents âmes en 1664, mais son développement fut rapide sous l'impulsion énergique de l'habile intendant *Talon;* malheureusement un incendie détruisit la plus grande partie de la ville en août 1682. Quelques années plus tard, survenait un plus grand fléau, la guerre. L'amiral Phipps, parti de Boston avec une flotte imposante, arrivait en vue de la cité le 16 octobre 1690 et envoyait aussitôt demander la reddition de la place. Dans la grande salle du château Saint-Louis, en présence du gouverneur et de nombreux officiers, le parlementaire lit la lettre de sommation conçue en termes arrogants, tire une montre de sa poche et demande réponse dans une heure. Le *comte de Frontenac* réplique : « Je ne vous ferai pas tant attendre ; dites à votre général que je ne connais point le roi Guillaume ; que le prince d'Orange est un usurpateur qui a violé les droits les plus sacrés du sang et de la religion, en détrônant son beau-père.... » Comme l'envoyé réclamait une réponse écrite : « Non, repartit le gouverneur, je n'ai point de réponse à faire à votre général que par la bouche de mes canons et à coups de fusil ; qu'il apprenne que ce n'est pas de la sorte qu'on fait sommer les hommes comme moi. » Les Anglais exécutent une descente à Beauport et bombardent en même temps la ville ; mais leur attaque est brillamment repoussée et leur flotte assez rudement maltraitée par les batteries françaises ; ils renoncent à la lutte et redescendent le fleuve à la joie bien vive des Canadiens. Le roi fit frapper une médaille (¹) commémorative de ce grand événement.

Revenons aux œuvres de paix. Les Récollets qui avaient dû renoncer à leurs missions du Canada étaient de retour en 1672, et, en 1681, recevaient du roi le bâtiment de la sénéchaussée pour y installer un hospice. En même temps, ils cédaient au successeur de Mᵍʳ de Laval leur ancien couvent de Notre-Dame des Anges qui subsiste encore aujourd'hui.

C'est là que le second évêque de Québec, *Mᵍʳ de Saint-Vallier,* animé d'une charité ardente, fonde en 1692 l'*hôpital général* qu'il destine aux vieillards infirmes et qu'il confie, d'autorité, aux religieuses de l'Hôtel-Dieu. Antique et vénérable maison, témoin de tant de misères privées et de malheurs publics, asile où, pendant les sièges, s'entassaient malades et blessés à l'abri des boulets et des bombes.

Le château Saint-Louis, où s'est déroulée, à un moment tragique, la scène impressionnante brièvement rapportée tout à l'heure, a été souvent témoin de spectacles pittoresques où se discutaient des questions de haute importance pour la colonie. De temps à autre, Messieurs les Sauvages venaient conférer avec le grand chef Onontio (le gouverneur) soit pour lui exposer leurs doléances, soit pour faire acte de courtoisie, soit encore pour conclure un traité ou décider une campagne. Affublés des costumes les plus bizarres, pour autant qu'ils en avaient, ils arrivaient souvent de fort loin pour ces réunions qui comportent un véritable cérémonial. Le prélude ordinaire de leurs assemblées est de fumer quelques pipes et de tenir un petit conseil particulier. Puis ils disposent par ordre sur le tapis des colliers de porcelaine qu'ils doivent présenter à leur hôte et dont chacun correspond à une partie de leur discours. Alors les orateurs prononcent de longues harangues écoutées avec une gravité parfaite et semées d'images. Voici quelques points, désignés d'après le collier présenté, c'est-à-dire d'après leurs numéros d'ordre, d'un discours adressé au comte de Frontenac en 1694 (*Archives,* Paris) :

Premier collier. — « Vous avez sans doute reçu bien des outrages, notre père ; vos enfants vous ont bien donné des sujets de vous fâcher ; ce collier est pour vous refaire l'esprit, c'est une médecine pour vous faire rejeter tout ce que vous pouviez avoir de mauvais sur le cœur, et que vos enfants y pourraient aussi avoir. Nous souhaitons qu'elle vous fasse l'effet que nous nous proposons. »

(¹) Reproduite en vignette dans le présent Opuscule.

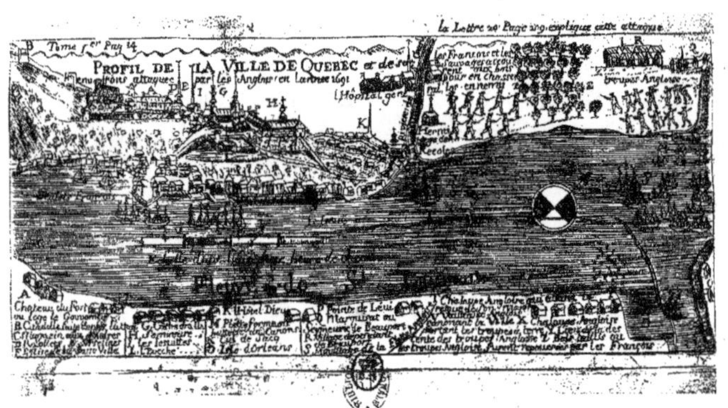

Québec assiégé en 1690 (et non en 1691), *dessin de La Hontan.*

Neuvième collier. — « Il n'y avait plus de chemin de paix, les bois et les rivières étaient gâtés, que le chemin soit libre présentement jusqu'à Ounontaé ; je le débouche par ce collier afin que notre père quand il voudra nous faire savoir sa volonté le puisse faire en sûreté, l'assurant que ceux qui y viendront de sa part seront bien reçus, et que je prépare par ce collier la natte à Ounontaé qui est le lieu où nos affaires importantes se traitent. »

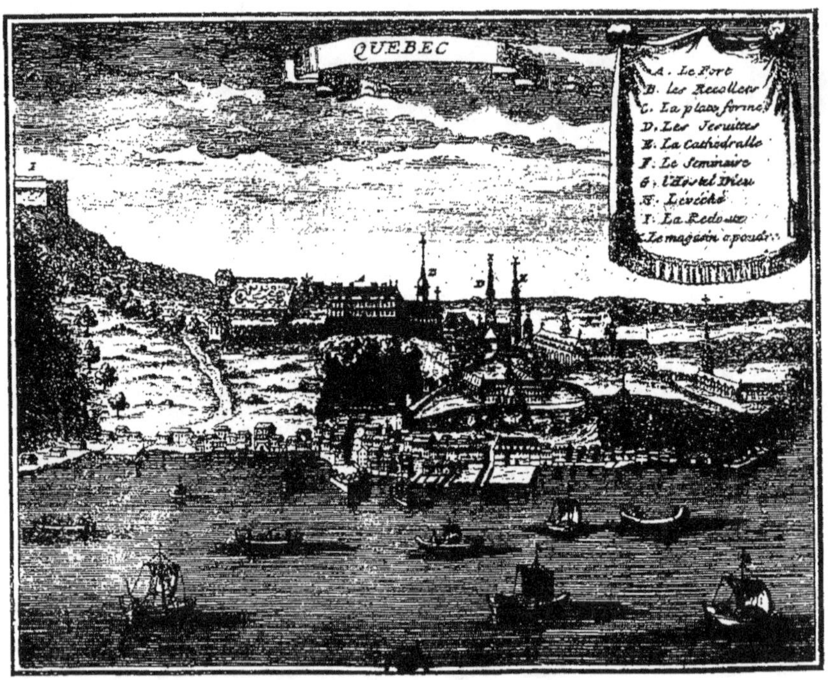

Vue de Québec (fin du XVIIe siècle).

Dixième collier. — « Nous étions tous dans la nuit ; on ne voyait plus le jour tant l'air était couvert de brouillards et d'obscurité ; je rattache le Soleil au-dessus de nos têtes pour dissiper tous les nuages afin que nous le puissions regarder, et nous servir à l'avenir du beau jour de la paix. »

Quelques jours après, on répond à ces harangues, collier par collier, c'est-à-dire point par point. On offre aux sauvages de grands festins. Enfin, dans une réunion solennelle qui est en quelque sorte la séance de clôture, on distribue de nombreux cadeaux : justaucorps, capotes galonnées, chemises avec dentelles, chapeaux et plumets.

Le curieux et piquant tableau que présentait alors Québec où soldats et officiers, bourgeois et artisans, bonnes femmes et nobles dames coudoyaient dans les rues ces ambassadeurs étranges, prêtant à rire et à trembler, sortis de la forêt, prêts à y rentrer terribles et féroces envers leurs ennemis et dont l'approche avait plus d'une fois jeté l'épouvante dans la ville même !

La guerre, Anglais ou Iroquois, a toujours menacé le Canada. En août 1711, une flotte de près de quatre-vingt-dix navires remonte le Saint-Laurent pour s'emparer de Québec où règne la plus vive anxiété. Comme le remarque l'historien national Garneau, le pays paraissait perdu ; « la Providence le sauva ». Au milieu des brumes une partie de la flotte vient se briser sur les récifs de l'île aux Œufs, prélude d'autres désastres. Les Anglais sont vaincus sans avoir combattu ; et le souvenir de l'amiral Walker et de ses vaisseaux reste vivant dans l'esprit du peuple, auréolé de légendes.

Cependant Québec grandissait. Dans son histoire du Canada, si précieuse et si attrayante, le Père *de Charlevoix*, jésuite, donne de la vieille cité une agréable description, datée d'octobre 1720, et dont voici de larges extraits :

« Lorsque Samuel de Champlain fonda cette ville en 1608, la marée montait quelquefois jusqu'au pied du rocher. Depuis ce temps-là le fleuve s'est retiré peu à peu, et enfin a laissé à sec un grand terrain où l'on a bâti la basse ville, laquelle est présentement assez élevée au-dessus du rivage, pour rassurer les habitants contre l'inondation du fleuve. »

Le narrateur observe que presque toutes les maisons sont bâties en pierre, note que la population ne s'élève encore qu'à sept mille âmes, et poursuit :

« L'église de la basse ville a été bâtie en conséquence d'un vœu fait pendant le siège de Québec en 1690. Elle est dédiée sous le nom de *Notre-Dame de la Victoire*. Sa structure est très simple, une propreté modeste en fait tout l'ornement.

» Le palais épiscopal n'a de fini que la chapelle, et la moitié des bâtiments. S'il est jamais achevé, ce sera un très bel édifice. Le jardin s'étend jusque sur la croupe du rocher, et domine toute la rade. Quand la capitale de la Nouvelle-France sera aussi florissante que celle de l'Ancienne (et il ne faut désespérer de rien, Paris a été longtemps beaucoup moins que n'est Québec aujourd'hui) qu'autant que les yeux pourront porter, ils ne verront que bourgs, châteaux, maisons de plaisance, et tout cela est déjà ébauché : que le fleuve de Saint-Laurent, qui roule majestueusement ses eaux, et les amène de l'extrémité du Nord, ou de l'Ouest, y sera couvert de vaisseaux ; que l'île d'Orléans et les deux bords des deux

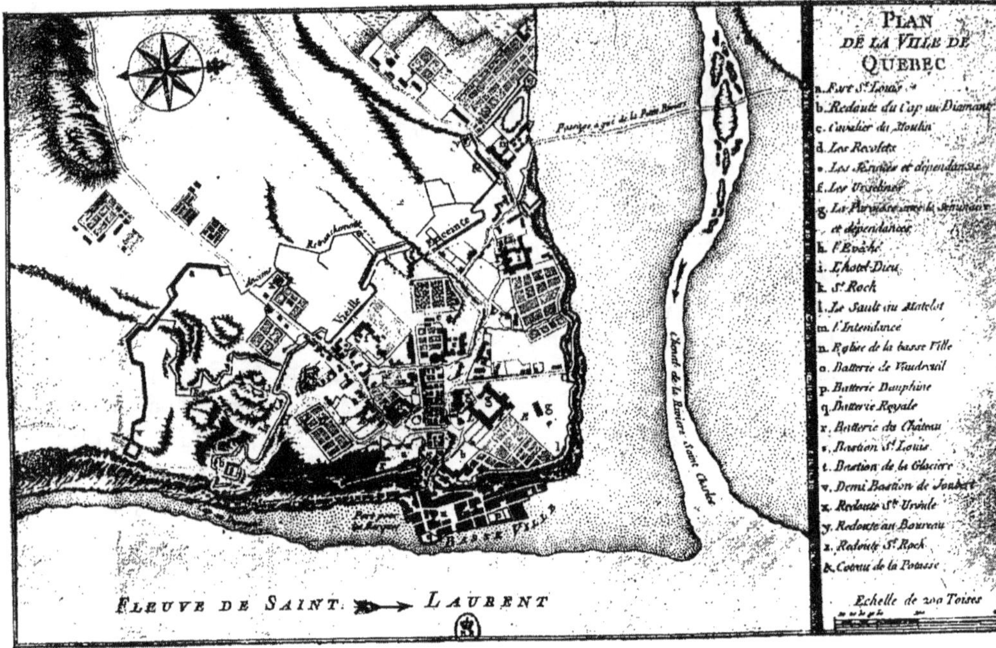

Plan de Québec (vers 1740.

Québec après le siège de 1759.

rivières, qui forment ce port, découvriront de belles prairies, de riches
coteaux et des campagnes fertiles, et il ne leur manque pour cela que
d'être plus peuplées; qu'une partie de la rivière Saint-Charles, qui ser-
pente agréablement dans un charmant vallon, sera jointe à la ville, dont
elle sera sans doute le plus beau quartier; qu'on aura revêtu la rade de
quais magnifiques; que le pont sera environné de bâtiments superbes,
et qu'on y aura trois ou quatre cents navires chargés de richesses, que
nous n'avons pas encore su faire valoir, et y apporter en échange celles
de l'Ancien et du Nouveau Monde, vous m'avouerez, Madame, que cette
terrasse offrira un point de vue, que rien ne pourra égaler, et que dès à
présent ce doit être quelque chose de fort bien.

Vue de Québec (première moitié du XVIIIe siècle).

» La cathédrale ne serait pas une belle paroisse dans un des plus petits
bourgs de France.... Le séminaire, qui touche à cette église est un
grand carré, dont les bâtiments ne sont point encore finis.... C'est pour
la troisième fois qu'on bâtit cette maison (1).

---

1) Elle fut brûlée en 1703 et en 1705.　　　　　　　　　　(Note de l'auteur.)

» Le fort est un beau bâtiment, qui doit être flanqué de deux pavillons saillants ; mais il n'y en a encore qu'un de fait. ...

» Les Pères Récollets ont une grande et belle église, et qui leur ferait honneur à Versailles. ... La maison répond à l'église : elle est grande, solidement bâtie, commode, accompagnée d'un jardin spacieux et bien cultivé. Les Ursulines ont essuyé deux incendies, aussi bien que le séminaire... l'on achève actuellement leur église. »

Charlevoix dit ensuite que le collège des Jésuites a été au début et par comparaison considéré comme un bel édifice, mais qu'il tombe en ruines. Dans une Note, qui date de 1744, année de la publication, il ajoute que le collège est rebâti et qu'il est fort beau. Il continue :

« L'Hôtel-Dieu a deux grandes salles, l'une pour les hommes et l'autre pour les femmes. Les lits y sont bien tenus, les malades bien servis, et tout y est commode et d'une grande propreté. L'église est derrière la salle des femmes, et n'a de considérable que le maître-autel, dont le retable est fort beau. Cette maison est desservie par des religieuses hospitalières de Saint-Augustin, de la Congrégation de la Miséricorde de Jésus, et dont les premières sont venues de Dieppe. ...

» La maison de l'intendant se nomme *le Palais,* parce que le conseil supérieur s'y assemble. C'est un grand pavillon, dont les deux extrémités débordent de quelques pieds, et où l'on monte par un perron à double rampe. ... »

Voici maintenant ce qu'il dit de l'hôpital général :

« C'est la plus belle maison du Canada, et elle ne déparerait point nos plus grandes villes de France. Les Pères Récollets occupaient autrefois le terrain où elle est située. M. de Saint-Vallier, évêque de Québec, les a transférés dans la ville, a acheté leur emplacement, et y a dépensé cent mille écus en bâtiments, en emmeublements et en fondations. ... Trente religieuses sont occupées à les servir ([1]). C'est un essaim de l'Hôtel-Dieu de Québec.

» Québec n'est pas fortifié régulièrement, mais on travaille depuis longtemps à en faire une bonne place. ... ».

On y travaillait par intermittence, lorsqu'on était menacé d'une invasion. C'est ainsi que Frontenac, après l'attaque de Phipps, fit construire les portes Saint-Louis et Saint-Jean, élever un fort au château Saint-Louis et une redoute au cap Diamant. Le narrateur poursuit :

« J'ai déjà dit qu'on ne compte guère à Québec que sept mille âmes ; mais on y trouve un petit monde choisi, où il ne manque rien de ce qui

---

([1]) Les infirmes. (*Note de l'auteur.*)

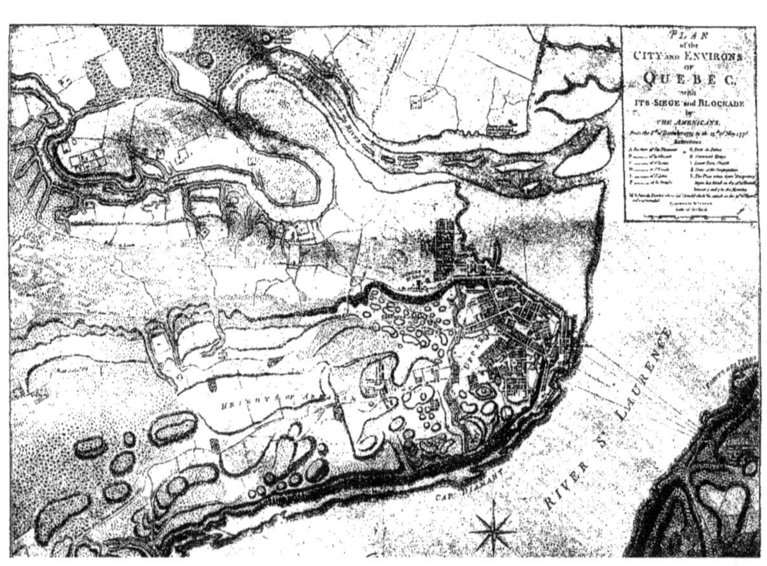

PLAN
of the
CITY and ENVIRONS
OF
QUEBEC,
with
ITS SIEGE and BLOCKADE
by
THE AMERICANS,
References
HEIGHTS OF ABRAHAM
CAPE DIAMANT
RIVER ST LAURENCE

peut former une société agréable. Un gouverneur général avec un état-major, de la noblesse, des officiers, et des troupes. Un intendant, avec un conseil supérieur, et les juridictions subalternes ; un commissaire de marine, un grand-prévôt, un grand-voyer, et un grand-maître des eaux et forêts, dont la juridiction est assurément la plus étendue de l'univers ; des marchands aisés, ou qui vivent comme s'ils l'étaient ; un évêque et un séminaire nombreux ; des Récollets et des Jésuites, trois communautés de Filles, bien composées, des cercles aussi brillants, qu'il y en ait ailleurs, chez la gouvernante et chez l'intendante. Voilà, ce me semble, pour toutes sortes de personnes de quoi passer le temps fort agréablement.

» Aussi fait-on, et chacun y contribue de son mieux. On joue, on fait des parties de promenades ; l'été, en calèche, ou en canot ; l'hiver, en traîne sur la neige, ou en patins sur la glace. On chasse beaucoup ; quantité de gentilshommes n'ont guère que cette ressource pour vivre à leur aise. Les nouvelles courantes se réduisent à bien peu de choses, parce que le pays n'en fournit presque point, et que celles de l'Europe arrivent tout à la fois, mais elles occupent une bonne partie de l'année : on politique sur le passé, on conjecture sur l'avenir ; les sciences et les beaux-arts ont leur tour, et la conversation ne tombe point. Les Canadiens, c'est-à-dire, les Créoles du Canada, respirent en naissant un air de liberté, qui les rend fort agréables dans le commerce de la vie, et nulle part ailleurs on ne parle plus purement notre langue. On ne remarque même ici aucun accent.

» On ne voit point en ce pays de personnes riches, et c'est bien dommage, car on y aime à se faire honneur de son bien, et personne presque ne s'amuse à thésauriser. On fait bonne chère, si avec cela on peut avoir de quoi se bien mettre ; sinon, on se retranche sur la table, pour être bien vêtu. Aussi faut-il avouer que les ajustements font bien à nos Créoles. Tout est ici de belle taille, et le plus beau sang du monde dans les deux sexes ; l'esprit enjoué, les manières douces et polies sont communs à tous ; et la rusticité, soit dans le langage, soit dans les façons, n'est pas même connue dans les campagnes les plus écartées. »

Québec n'était pas seulement la capitale administrative du Canada ; il en était aussi, nous dit Garneau, l'entrepôt : « Cette ville envoyait annuellement cinq ou six barques à la pêche du loup marin, et à peu près autant de navires chargés de farine, de biscuit, de planches, de merrain et de légumes, à Louisbourg et dans les îles : ils revenaient avec des cargaisons de charbon, de rhum, de mélasse, de café et de sucre. Québec recevait de France une trentaine de bâtiments, dont le port montait à 9000 tonneaux environ. »

La colonie et sa capitale n'ont jamais été longtemps à l'abri des épreuves.

En 1732, ce furent des inondations et des tremblements de terre. « Depuis un mois, écrit le 17 octobre une religieuse de Québec, c'est un tremblement de terre qui y jette (ici) une consternation qu'on ne peut exprimer. L'effroi y est si universel que les maisons sont désertes ; on y couche dans les jardins, les bêtes mêmes privées de raison jettent des cris capables de redoubler la frayeur des hommes ; on fait des confessions générales de tous côtés…. le fâcheux est que cela n'est pas fini. Il y a des puits qui ont entièrement tari, des chemins sont bouleversés. » Puis vinrent une terrible épidémie de picote (petite vérole) et une disette qui dura plusieurs années.

« C'est pendant cette disette, en 1730, dit Garneau, que le gouvernement fit faire à Québec la digue du Palais, recouverte aujourd'hui par des quais, pour occuper les habitants et former un abri où cent bâtiments pussent trouver un hivernage commode. »

La vieille cité ne fut pas attaquée pendant la guerre de 1744-1748, que termina le déplorable traité d'Aix-la-Chapelle ; mais la guerre de Sept ans fit fondre sur elle les plus épouvantables malheurs.

Elle souffrit extrêmement, comme le pays tout entier, d'une disette qui alla croissant d'année en année, parce que les habitants, sans cesse sous les armes, n'avaient plus le temps nécessaire pour cultiver leurs champs. Puis, malgré l'héroïsme des troupes françaises et canadiennes et l'habileté de leurs généraux, l'énorme disproportion des forces en présence rendit une invasion inévitable. Le 12 juillet 1759, le général Wolfe, commandant l'armée anglaise, fit commencer le bombardement de Québec. En moins d'un mois la ville reçut près de vingt mille boulets, bombes ou pots-à-feu ; elle fut presque entièrement détruite. Par ces ravages, comme par l'incendie des villages et des fermes, qui n'avaient aucun but tactique, Wolfe espérait, mais en vain, décourager la résistance des habitants et satisfaire l'opinion publique en Angleterre ([1]). La défaite des plaines d'Abraham, où périt MONTCALM, dont le tombeau est dans l'église des Ursulines, fut suivie de la reddition de Québec. « Le 18 (septembre), avant le coucher du soleil, raconte l'abbé Casgrain dans son magnifique Ouvrage, *Montcalm et Lévis*, les portes de la cité furent ouvertes. Le général Townshend, avec son état-major, suivi de trois compagnies de grenadiers et d'un détachement de l'artillerie traînant une pièce de campagne sur laquelle flottait le drapeau britannique, traverse la haute ville et s'arrête en face du château Saint-Louis. Le com-

---

([1]) Lire sur ces événements d'un intérêt tragique les plaquettes consacrées à Montcalm et à Lévis.

Vue de Québec, prise en 1784 de la pointe Levi.

Dépôt de bois près de Québec (1840).

mandant de la place, qui l'attendait, lui en remit les clefs. Les blancs uniformes de la France s'alignèrent une dernière fois devant les portes et défilèrent en silence pour faire place aux sentinelles anglaises. Un corps de marins, détaché de la flotte, sous le commandement du capitaine Palifer, prit possession de la basse ville. Des salves d'artillerie saluèrent le drapeau d'Angleterre, arboré à la fois sur le sommet de la côte de la montagne et sur la citadelle, d'où il ne devait plus descendre. »

Il faillit bien en redescendre cependant à la fin de l'hiver quand l'habile et résolu Lévis, avec son armée dénuée de tout, après une marche forcée dans la neige et sous la pluie, vint, le 28 avril, remporter aux portes de Québec la glorieuse victoire de Sainte-Foye sur l'emplacement même de la récente défaite! Quelques jours auparavant, le général Murray qui commandait la ville en avait par prudence expulsé les habitants; et les soldats de la garnison, dit Garneau, « ne purent voir sans émotion ces infortunés, hommes, femmes, vieillards, enfants, s'éloigner de leurs murailles, sans savoir où adresser leurs pas dans un pays dévasté et réduit à la dernière misère ». Le siège de la ville par l'armée franco-canadienne fut levé à l'approche de secours venus d'Angleterre.

Voilà Québec définitivement au pouvoir de l'ennemi. Peu d'Anglais s'y installèrent par la suite; et, malgré l'empreinte inévitable que la nation victorieuse et étrangère lui a donné pendant déjà un siècle et demi, Québec a conservé son caractère essentiellement français qui fait son originalité et son charme.

A peine quelques années s'étaient-elles écoulées sous la domination anglaise que le Canada fut sur le point d'être entraîné dans la révolte des colonies voisines. Mais les Canadiens avaient plus de ressentiment et de défiance à l'égard des compatriotes de Franklin et de Washington que du gouvernement de la vieille Angleterre. Ils restèrent fidèles à ce dernier. Québec, dont la population était tombée à cinq mille âmes, est assiégé à la fin de 1775 par le général Montgomery, qui échoue dans son entreprise. Il est tué, et le siège levé quelques mois après.

Plusieurs monuments ont été élevés pour rappeler des événements mémorables de l'histoire de Québec et du Canada : c'est celui de Montcalm et Wolfe, érigé en 1827 ; c'est la colonne dédiée vingt-neuf ans plus tard aux braves de Sainte-Foye en présence du commandant français de *La Capricieuse* et surmontée en 1863 d'une statue de la victoire donnée par la France ; c'est encore, en ces dernières années, la belle et imposante statue de Champlain.

Des incendies avaient dévasté Québec à plusieurs reprises pendant les deux premiers siècles ; il fut encore en grande partie détruit par le feu les 28 mai et 28 juin 1845. Neuf ans plus tard, l'antique évêché, transformé en palais législatif, était la proie des flammes. Enfin, la ville fut ravagée par le feu assez fréquemment de 1861 à 1870, notamment en 1866 ; le 14 octobre de cette année-là plus de deux mille maisons furent brûlées.

D'autre part, en 1847, des immigrants irlandais que la famine chassait de leur pays, entassés dans les navires, misérables et privés de soins, apportèrent un autre fléau, la fièvre typhoïde. Ces malheureux furent décimés par la terrible maladie ; mais on s'empressa auprès d'eux, la charité chrétienne fut admirable, et le clergé établit un asile pour les nombreux enfants devenus orphelins.

La floraison des œuvres religieuses est d'ailleurs remarquablement abondante depuis une soixantaine d'années. Sans parler des nouvelles paroisses que l'accroissement de la population rendait nécessaires, il faut au moins mentionner l'arrivée des Sœurs de la congrégation Notre-Dame en 1844, des Sœurs de la Charité (Sœurs Grises) en 1849, des Frères des Ecoles chrétiennes en 1842, des Frères de Saint-Vincent de Paul en 1844.... C'est la vie catholique sous ses multiples aspects : la prière, l'éducation, le soin des malades et des pauvres. L'Université Laval, catholique et française, est fondée en 1852 ; on devine l'importance nationale et sociale de cette haute institution. Deux ans plus tard, l'Ecole normale Laval est créée pour donner des maîtres aux écoles primaires.

Québec s'est placé à la tête du mouvement intellectuel de la population française. Un certain nombre de Sociétés savantes, parfois éphémères, s'y sont constituées, et leur titre indique suffisamment leur objet ; on voit ainsi apparaître en 1824 la Société littéraire et historique, en 1843 la Société de discussion, la Société canadienne et scientifique, plus tard l'Institut canadien, puis en 1902 la Société du Parler français. Il convient d'ajouter à cette liste la Société de Géographie qui se recrute parmi les Canadiens de toute origine. Des revues littéraires et scientifiques contribuent à l'activité générale, citons le *Naturaliste canadien*, la *Revue canadienne* et la jeune *Nouvelle France*.

L'accroissement de la population, la nécessité pour les Canadiens-Français de défendre leur nationalité, la pratique enfin des droits constitutionnels arrachés peu à peu à la métropole, amenèrent la création et le développement de la presse. Rédigée à la fois en français et en anglais, c'est la *Gazette de Québec* qui fit la première son apparition le 21 juin 1764 ; elle s'occupa très peu de politique pendant longtemps. Puis un journal anglais *The Mercury*, fut fondé en 1805. « Cette province, disait-il, est trop française pour une colonie britannique....

Québec en 1840; la rade et la citadelle.

Vue prise de la citadelle de Québec en 1840.

Que nous soyons en guerre ou en paix, il est essentiel que nous fassions tous nos efforts, par tous les moyens avouables, pour nous opposer à l'accroissement des Français et de leur influence.... » Son programme était ainsi nettement formulé ! Au mois de novembre de l'année suivante le *Canadien* paraissait à son tour avec cette fière devise : « Nos institutions, notre langue et nos lois » ; un prospectus indiquait, en termes très modérés, la raison d'être de cette publication : « Il y a déjà longtemps que des personnes qui aiment leur pays et leur gouvernement regrettent que le rare trésor que nous possédons dans notre constitution demeure si longtemps caché, la liberté de la Presse....

» Les Canadiens... ont intérêt de dissiper les préjugés ; ils ont intérêt surtout d'effacer les mauvaises impressions que les coups secrets de la malignité pourraient laisser dans l'esprit de l'Angleterre et du roi lui-même.... On leur a fait un crime de se servir de leur langue maternelle pour exprimer leurs sentiments et se faire rendre justice ; mais les accusations n'épouvantent que les coupables : l'expression sincère de la loyauté est loyale dans toutes les langues. » Ce journal, qui compte parmi ses fondateurs P. Bédard, joua le plus grand rôle dans les luttes constitutionnelles contre l'oligarchie anglaise ; à la veille des élections de 1810, au mois de mars, le gouverneur Craig fit saisir la presse du *Canadien* et mettre en prison plusieurs de ses rédacteurs qu'il fallut ensuite relâcher. Cependant, le ton des articles resta toujours modéré, même au moment des crises les plus vives. Lors des troubles de 1837 parut le *Libéral* dont le langage était plus menaçant. Les journaux se sont multipliés par la suite, vivant souvent

> Ce que vivent les roses,
> L'espace d'un matin !

Dans les autres domaines, l'élément français s'est tour à tour affirmé par le travail et une volonté soutenue. S'il n'a pas encore partout la place qu'il mérite, c'est que le nerf de la guerre... et de l'action lui a fait défaut ; mais cette infériorité diminue tous les jours, et le moment approche où il sera socialement indépendant. La Banque nationale a été fondée en 1860. La Compagnie de navigation « Richelieu et Ontario » date de la même époque.

La vieille cité n'a pas eu cet accroissement prodigieusement rapide de tant d'autres villes en Amérique ; il est néanmoins fort remarquable encore puisque la population, de cinq mille âmes au début du xixe siècle, passe à trente-cinq mille en 1845 et atteint soixante-dix mille à l'heure actuelle. Un plus prompt développement eût sans doute profondément altéré son caractère et modifié sa physionomie. Déjà, on n'a que trop

Les plaines d'Abraham (1840).

Québec vu de la côte opposée (1840).

de tendances à sacrifier d'anciennes constructions riches d'histoire, à laisser avilir la beauté d'un site pour des motifs d'un douteux utilitarisme. On a démoli les vieilles portes de la ville... on a élevé de hautes et abominables bâtisses. Québec a déjà été *modernisé* (¹)!

Québec en 1840 ; la place du marché.

Puisse la noble et chère cité résister à ces tentations d'un mercantilisme outré... et trompeur. Puisse-t-elle, dans sa beauté toujours jeune, garder intact le dépôt que tant de preux lui ont confié, dépôt d'honneur et d'idéal. Puisse-t-elle enfin rester la fière sentinelle de notre race et le pur asile de l'âme et de l'esprit français !

(¹) Les vues du « Québec moderne » ont été fort obligeamment communiquées à l'auteur — qui en exprime ici sa reconnaissance — par les Compagnies du « Chemin de fer Intercolonial » et « Richelieu et Ontario ».

Québec actuel — Vues générales.

41747   PARIS. — IMPRIMERIE GAUTHIER-VILLARS,
Quai des Grands-Augustins, 55.

COLLECTION CANADIENNE

Jean Du SAGUENAY

Quatre élégantes Plaquettes, illustrées de photographies de nombreuses gravures anciennes et rares, éditées à l'occasion du troisième centenaire de la fondation de Québec.

Le fondateur de la Nouvelle-France. Champlain, (dessins et cartes de Champlain).

La Vieille capitale. Québec historique.

L'Épopée canadienne. Montcalm.

L'Épopée canadienne, Lévis.

La Terre pour rien. — Renseignements pratiques sur la colonisation agricole française au Canada. Un vol. in-16 avec cartes.

Prix : 2 fr. ; franco : 2 fr. 25.

« Votre livre est un petit trésor ».

(*Extrait* d'une lettre de Mgr Langevin, archevêque de St-Boniface.)

Notice sur le Canada. — Poids : 5 grammes; prix : 5 centimes. Franco en Europe, 100 exemplaires : 3 fr. Insérez une feuille dans vos lettres.

Cartes postales illustrées.

Plusieurs volumes en préparation.

ASSOCIATION « LA CANADIENNE »

But : Elle se propose de resserrer de toute manière les liens qui unissent les Américains de race française aux Européens de langue française, et de collaborer spécialement au développement de leurs relations d'ordre moral et économique.

Cotisations : Membres actifs : 5 fr. (1 piastre); fondateurs : 20 fr. (4 piastres); donateurs : versement unique de 500 fr.

Siège social : 26, rue de Grammont. Paris, IIe.